$L6\overset{44}{\phantom{.}}657$

# UN MOT
# AU SÉNAT.

*Diviserunt vestimenta.*
Ils se sont partagé les dotations.
S. Matthieu, ch. 27. v. 35.

PARIS,
CHEZ LES MARCHANDS DE NOUVEAUTÉS.

1814.

Eh quoi! me dira quelqu'un, les cités ne se servent-elles pas quelquefois de gouverneurs qu'elles savent être dissolus et désordonnés en leur manière de vivre? Je crois bien; mais c'est comme nous voyons que les femmes qui enchargent et sont enceintes, appètent bien souvent à manger des pierres, et ceux à qui le cœur fait mal sur la mer, demandent des salures et telles autres mauvaises viandes; mais, un peu après que le mal leur est passé, ils les rejettent et les ont en horreur. Ainsi les peuples quelquefois, par une insolence et un plaisir désordonné, ou à faute de meilleurs gouvernemens, se servent des premiers venus, combien qu'ils les méprisent et abominent.

PLUTARQUE (Traduction d'Amyot), *Instruction pour ceux qui manient les affaires d'État.*

# UN MOT
# AU SÉNAT.

Sénateurs,

J'ai un mot à vous dire. On tient de fort mauvais propos sur votre compte : on vous reproche une basse cupidité ; on vous accuse d'aimer l'argent plus que l'honneur, et de battre monnaie en faisant des Constitutions. Quant à moi je veux n'en rien croire. Mon parti est pris, au risque de me singulariser, je suis bien décidé.... à vous estimer. Oui, j'aurai ce courage, et même celui de plaider votre cause, toutes les fois que l'occasion s'en présentera ; mais, comme aujourd'hui les apparences sont contre vous, venez à mon secours, et dites-moi de quels argumens je dois me servir pour justifier l'article VI de votre acte constitutionnel, qui scandalise les foibles et fait rougir vos amis, en les forçant de douter de votre désintéressement. Je vais le transcrire ici. Sénateurs, baissez les yeux.

« Il y a cent cinquante sénateurs, au
» moins, et deux cents, au plus.

» Leur dignité est *inamovible* et hé-
» réditaire de mâle en mâle, par pri-
» mogéniture.

» Les sénateurs ACTUELS (c'est vous),
» à l'exception de ceux qui renoncent
» à la qualité de citoyens français, sont
» MAINTENUS (c'est vous), et font partie
» de ce nombre; la dotation actuelle
» du Sénat et des sénatoreries leur
» APPARTIENT (ah! c'est bien vous);
» les sénateurs qui seront nommés à
» l'avenir, ne peuvent avoir part à
» cette dotation (ce n'est plus vous). »

Ainsi, Messieurs, tout vous *appartient*, tout est à vous; rien à vos nouveaux collègues. Pourquoi arrivent-ils si tard? Votre calcul est simple et facile à saisir, je le trouve excellent. Croiriez-vous, cependant, qu'il y a des gens difficiles qui n'en sont pas satisfaits? « Etoit-il bien nécessaire, disent ces » frondeurs, de traiter de si bas, de si » vils intérêts dans un acte de cette im- » portance? Ces spéculateurs constitu- » tionnels devoient-ils fixer leurs hono- » raires (les plus grossiers disent leurs » gages) avant d'avoir assuré nos droits? » Qu'a donc de commun la marmite de » M. le comte Ct. (1) avec nos libertés

---

(1) Un écrivain, dont le courage égale le talent, et qui n'a jamais fléchi le genou devant Baal, M. Bergasse, ayant publié d'énergiques *Réflexions sur l'Acte constitutionnel du Sénat*, M. le sénateur comte Ct. n'a pu s'empêcher de nous dire ce qu'il pensoit contre cet ouvrage. Les amis de M. le comte Ct. ont fort approuvé son zèle; mais il ont trouvé que sa réponse, qui a six pages d'impression, étoit beaucoup trop longue.

Un avocat, âgé de soixante-treize ans, a voulu aussi repondre à M. Bergasse, *telum imbelle sine ictu*.

Enfin, on m'assure qu'une femme n'a pas craint de l'attaquer corps à corps. Pauvre Sénat! voilà donc quels vengeurs s'arment pour ta querelle! des femmes, des vieillards!

» et nos franchises ? » Voilà, Messieurs, ce que ne cessent de me demander ces politiques myopes, qui ne sont pas aussi convaincus que moi, qu'il importe beaucoup à la splendeur du trône, et au bonheur du peuple français, que M. le comte G....n, C....n, que M. le comte F.... de N., et que bien d'autres comtes de cette espèce aient trente à quarante mille livres de rente sur un Etat déjà si appauvri par les douloureuses circonstances où nous nous trouvons. J'avoue, Messieurs, que je ne sais ce que je dois répondre à ces questionneurs, vrais entêtés, qui ne se paient pas de mauvaises raisons. Ne pourriez-vous point, pour me tirer d'affaire, inviter M. le comte G...t. à me prêter le meilleur de ses sophismes ? J'aurois alors l'avantage de n'être pas compris de vos adversaires et des miens.

Entre nous, sénateurs, il me semble que vous avez fait une sottise, et que vous deviez vous y prendre plus adroitement. Il est juste, les plus récalcitrans en conviennent, qu'une Constitution soit payée à ceux qui la rédigent ; et ce n'est pas l'usage, en France, d'en faire gratuitement : mais il falloit cacher votre jeu, et ne pas vous payer par vos propres mains ; vous deviez arranger votre acte constitutionnel, sans parler de ce vilain argent, qui gâte tout, et que d'ailleurs vous n'aimez point : le lendemain, vous auriez présenté votre mémoire ; nous l'eussions soldé, et tout se terminoit sous la cheminée.

Vous sauriez au moins aujourd'hui ce que cette chartre nouvelle doit vous valoir, tandis que, si j'en juge par les écrits que plusieurs d'entre vous ont publiés, ces jours derniers, vous ne me paroissez pas très-sûrs de votre affaire. M. le comte Ct., qui n'écrit pas tout-à-fait aussi bien qu'il calcule, assure positivement que son marché est mauvais, que l'ancienne Constitution lui rapportoit davantage, et qu'il aura un plat de moins à son dîner ; ce qui sera infiniment désagréable pour ceux qui dîneront chez le comte Ct. D'une autre part,

M. le comte Grégoire (1) ne sait pas encore s'il perd ou s'il gagne au nouvel ordre de choses. Seulement il observe, avec raison : « Qu'une partie de la » dotation du Sénat, située en pays » étranger, est perdue, ainsi qu'une » partie des sénatoreries (2). » Et il ignore « si le produit de celles qui

---

(1) M. Grégoire ne paroît pas aussi gourmand que ses collègues ; on peut vivre à côté de lui. « Ne convenoit-il pas, dit-il, de répartir » entre TOUS les membres anciens et nouveaux » le revenu commun, quoiqu'alors les portions » dussent être plus modiques, ou de statuer » que la dotation restant aux membres actuels, » à mesure qu'ils mourroient, la part des décédés » passeroit à chacun des nouveaux sénateurs, » par ordre d'ancienneté de nomination ? » On voit que M. Grégoire étoit d'assez bonne composition ; mais la majorité tint bon, et voulut que tout *appartînt* aux anciens sénateurs, et que les nouveaux vécussent avec économie ; ce qui a fait dire à un ennemi des anciens : D'un côté l'argent, de l'autre l'honneur.

(2) Je crois que M. Grégoire se trompe ; rien ne sera perdu. Il est à peu près certain que les souverains auxquels vont appartenir les pays où les dotations sont situées se feront un devoir d'en faire passer les revenus aux anciens sénateurs ; car tout leur appartient.

» restent, étant reversé dans la masse
» commune, couvrira ce *déficit*. »

Voilà ce que c'est de travailler avec trop de précipitation. Vous n'y regardez pas d'assez près, lorsqu'il s'agit de vos intérêts. Un déficit, Messieurs, un déficit! Encore deux ou trois Constitutions comme celle-là, et vous êtes ruinés. Un déficit! j'espère, Messieurs, que cette considération vous fera sentir la nécessité de supprimer au plus tôt un article qui doit diminuer sensiblement vos revenus. Voyez un peu quelle injustice! on se plaint de votre cupidité : vous n'avez été que trop désintéressés, c'est un fait bien démontré.

Quant à l'hérédité, Messieurs, elle passe les bornes d'une honnête plaisanterie. M. Grégoire ne voit pas ce qu'elle peut avoir de bon et d'utile, et je m'en rapporte volontiers à lui, puisqu'il n'a point fait d'enfans. Sénateurs, parlons sérieusement, il en est temps. Vous méritez d'entendre la vérité : et qui vous la dira, si ce n'est votre ami? Savez-vous que vous êtes bien difficiles à contenter? Combien parmi vous fouloient naguères à leurs pieds toutes les décorations? et nous les voyons, aujourd'hui, couverts de croix et chamarrés de cordons! Ils s'honoroient du titre de *sans-culottes*, et ils veulent substituer la couronne ducale au bonnet de la liberté! Ces philosophes, qui célébroient la médiocrité (1), croient que la France n'a point assez fait pour les enrichir! Ne crioient-ils pas encore contre l'inamovibilité des

---

(1) Un philosophe, que M. le comte G....t connoît beaucoup, disoit, il y a quelques années dans le Mercure de France : « Ministres des rois, éva- » luez à la rigueur le pain nécessaire pour nourrir » un homme, l'eau qui doit l'abreuver, l'habit » décent auquel les portes ne sont pas fermées, » et, avec cette somme (1,500 fr.), vous ferez » naître des hommes dont les idées éclaireront » vos vues et vos desseins sur la félicité des » peuples. Donnez cela, et ne donnez pas davan- » tage ; refusez, ou retirez tout à qui fera, dans » ce genre, une demande de plus : il n'est fait » ni pour *éclairer son siècle*, ni pour s'illustrer » lui-même: qu'il rampe, qu'il s'enrichisse, etc. »

Ce philosophe a reçu depuis plus de 40,000 fr. de traitement : aussi n'a-t-il point *éclairé son siècle*.

places? Eh bien, voilà vingt ans et plus qu'ils se cramponnent si fortement à leurs siéges, que, malgré toute notre bonne volonté et nos instances les plus vives, nous ne pouvons les forcer de déguerpir! N'est-il pas temps que cela finisse? Je leur passe, au reste, toutes ces inconséquences. Je sais maintenant pourquoi et pour qui se font les révolutions et les Constitutions. Un ancien payeur de la trésorerie m'a tout expliqué; il m'a dit comment ce qui, tel jour, étoit un principe, n'étoit plus le lendemain qu'un abus. Mais au moins devriez-vous, Messieurs, mettre un peu de pudeur dans vos prétentions. Aimez l'argent; c'est en soi une fort bonne chose, et tout philosophe qui sait calculer est d'avis qu'un château vaut mieux qu'une chaumière: portez tous les cordons que vous avez proscrits; ils vous vont à merveille: restez même au Sénat, si on vous le permet, puisque vous vous y trouvez bien, et qu'il en coûte toujours de déménager; mais ne faites qu'un bail à vie, il sera bien assez long. Point de dispositions testamentaires en faveur de votre primogéniture : n avez-vous point supprimé le droit d'aînesse, qui incommodoit les cadets? Que le citoyen C....n soit duc, puisqu'il ne lui suffit pas d'être comte; qu'il soit même pair de France, rien de mieux; on ne conçoit même pas que cela puisse être autrement : mais, lorsque nous aurons le malheur de perdre M. le duc et pair C.....n, que sa place devienne la récompense d'un service éminent rendu à la société. Qu'en dites-vous? Je crois que, si on recueilloit les voix, vous ne seriez pas aussi bien traités, car on est las de votre inamovibilité. Vous seriez bien aimables, Messieurs, si, dégoûtés des soins et des incommodités de la grandeur, et appréciant les charmes de la vie privée, vous consentiez enfin à résigner vos bénéfices, et à vous retirer dans vos terres; mais je n'ose l'espérer, vous ne voulez rien faire pour nous plaire.

Soyez au moins plus modérés; mettez

vos services à un prix moins élevé; sans quoi vous nous forceriez de les récapituler, et de les apprécier à leur juste valeur. Votre Constitution est sans doute un fort bel ouvrage ; mais vendez-la un peu moins cher. Vous savez aussi bien que moi qu'elle ne durera pas très-long-temps. Je conviens, avec un des vôtres (1), que *le Sénat*, en la rédigeant, *s'est dévoué pour son pays*, et l'art. VI ne permet guère d'en douter. Mais il faut compter pour quelque chose la reconnoissance publique, dont vous recevez chaque jour de nouveaux témoignages, et les bénédictions de nos neveux, qui, soyez-en bien convaincus, se souviendront du bien que vous nous avez fait, et de celui que vous vous êtes fait à vous-mêmes.

Sénateurs, quelle nouvelle affligeante viens-je d'apprendre! Est-il bien vrai que plus de cinquante d'entre vous ne

_____

(1) M. le comte Ct.

laisseront pas de postérité masculine (1)? Ciel! que de pairies vont s'éteindre! Aussi, Messieurs, c'est votre faute : au lieu de faire des Constitutions, morbleu! que ne faisiez-vous des enfans! vous voyez le chemin qu'ils alloient faire, et le sort agréable qui les attendoit. Encore une fois, sénateurs, vous êtes de francs étourdis; vous ne songez à rien : à votre place, j'aurois décrété, qu'à défaut de postérité directe, la pairie passeroit de droit au neveu, au cousin, que sais-je, moi? à la nièce, à la cousine; il me semble que le lot est assez bon pour que vous deviez desirer qu'il ne sorte pas de la famille. Ce malheur n'est pas, au reste, si grand qu'il ne puisse se réparer. La disposition que j'ai l'honneur de vous proposer entreroit fort bien dans un de ces sénatus-consultes que vous faites si vite, ou, comme dit M. Gré-

---

(1) Je gagerois bien que M. le sénateur C.........s est de ce nombre : il est si maladroit!

goire, « dans un complément de la Cons-
» titution qui en rectifieroit l'esprit. »

En voilà bien assez, Messieurs, sur votre article VI; je craindrois, si je m'y arrêtois davantage, de blesser votre modestie : on assure que vous êtes très-prompts à rougir. Cependant, comme vous me paroissez fort satisfaits de la conduite que vous avez tenue dans ces derniers temps, souffrez qu'elle soit encore le sujet de mes éloges. M. le comte C....t est forcé de convenir qu'il s'est dévoué pour son pays; il peint l'attitude guerrière de Buonaparte à Fontainebleau, et retrace les dangers sans nombre auxquels le Sénat s'exposoit en prononçant sa déchéance. M. Grégoire, ancien évêque de Blois, plus belliqueux, s'écrie avec une noble assurance : « On a vu ce
» qu'on voit dans toutes les révolutions :
» les *braves* montent à l'assaut; ils sont
» suivis d'hommes probes, mais timides;
» puis la colonne entière s'ébranle, et sa
» marche devient uniforme et régu-
» lière. » Dites-moi, mes *braves*, n'avez-

vous pas été dangereusement blessés dans cette terrible affaire ? Voyez, tâtez-vous, puis montez au Capitole, et rendez grâces aux dieux.

En vérité, Messieurs, je crois que vous vous moquez de nous. Avez-vous donc oublié que, lorsque vous montâtes à l'assaut, la ville étoit prise, malgré l'intrépidité du comte R.....lt; qu'il ne restoit à Buonaparte aucun espoir de salut, et que l'*Europe en armes* étoit entre lui et vous, ce qui devoit un peu vous rassurer ? Vous êtes bien plaisans de venir aujourd'hui nous parler des dangers que vous avez courus: et que direz-vous donc de notre conseil municipal, qui, avant vous, et sans stipuler sa récompense, demanda avec tant d'énergie le retour de l'auguste famille qui vient réparer les maux que vos sénatus-consultés ont aidé à faire ? Que direz-vous du maire de Bordeaux ? A-t-il attendu, pour se montrer bon Français que vous lui en eussiez donné l'exemple ? Vous regardoit-il avant d'agir ? Que direz-vous, enfin, de ces *étourdis* qui, le 31 mars, de très-bonne heure, et avant l'entrée des alliés, prirent la cocarde blanche, et, à votre grand étonnement, crièrent : *Vive le Roi!* sans s'informer si, quatre jours après la capitulation, vous monteriez à l'assaut, précédés de l'article VI de votre acte constitutionnel ? « Les dates » sont ici précieuses », dit M. le comte Ct. C'est pour cette raison que je les rétablis, sans prétendre toutefois diminuer les obligations qui peuvent vous être dues pour la part, que, le danger passé, vous avez prise à cette mémorable révolution. Mais gardez-vous bien de nous parler de votre courage; nous aurions trop à rire.

Dites-moi maintenant, sénateurs, est-il d'une nécessité absolue qu'avant de régner, le *Roi de France et de Navarre* jure d'observer la Constitution qui rappelle le *Roi des Français* au trône de ses pères? Cette clause est-elle de rigueur? Est-ce une condition *sine quâ non?* Attendrez-vous Louis XVIII à Calais? et, s'il refuse son accceptation, le renverrez-vous à Douvres? Cette question me paroît fort délicate. Voyez, pesez, calculez ce qu'exigent les circonstances. Mais, pendant que nous causons ensemble, déjà le Roi se montre à son peuple affamé de le voir, et l'article VI n'est point encore accepté! Que vont devenir vos dotations et vos pairies héréditaires? Tranquillisez-vous, sénateurs, le Roi sait tout ce qu'il vous doit. Ne vous êtes-vous pas, depuis douze ans, *dévoués pour votre pays* avec un zèle dont votre caissier peut attester le désintéressement? Et d'ailleurs, n'est-il pas raisonnable de penser que ceux-là, surtout, qui, parmi vous, ont contribué à renverser le trône de Louis XVI, seront les plus fermes appuis de Louis XVIII? Il faudroit être bien de mauvaise foi pour n'en pas convenir.

Vous le voyez, Messieurs, je vous parle avec une grande franchise. N'en soyez point surpris ; cette liberté est un de vos bienfaits. Oui, sauf les censeurs qui nous restent encore, la presse est libre, et vous avez placé deux sentinelles vigilantes qui ne souffriront point qu'on porte la moindre atteinte à nos droits.

« Les commissions sénatoriales de la
» liberté de la presse et de la liberté
» individuelle sont maintenues. »

Bravo ! sénateurs ; cette fois, voilà du courage : il en falloit beaucoup, et d'une espèce toute nouvelle, pour oser nous rappeler le souvenir de deux commissions établies depuis douze ans, et dont l'existence est devenue l'objet de la dérision publique. Vous ignoriez sans doute ce que la France entière savoit, que les prisons regorgeoient de victimes, qui ne connoissoient même pas les motifs de leur détention. Que faisoit cependant votre commission de la liberté individuelle ? A-t-elle brisé les fers d'un seul citoyen arrêté illégalement ? a-t-elle au moins accueilli ses trop justes réclamations ? Et la liberté de la presse, comment a-t-elle été garantie dans un temps où l'émission de toute pensée généreuse étoit un crime de haute-trahison, et où le silence n'étoit point sans danger? Croyez-moi, sénateurs, contentez-vous de veiller désormais à la conservation de votre traitement ; il sera bien gardé: un autre saura conserver nos droits légitimes, dont nous nous garderons d'abuser.

Mais je m'aperçois, Messieurs, que je suis dupe, et que je vous ai mal compris: ce n'est pas sérieusement ; c'est, au contraire, pour égayer un peu votre chartre constitutionnelle, que vous nous faites souvenir de vos deux commissions, si long-temps inutiles, et toujours si ridicules. Sénateurs, la plaisanterie est excellente et du meilleur ton. Il est bien à regretter que vous vous mépreniez sur la nature de votre talent, et, qu'avec d'aussi heureuses dispositions, vous ne plaisantiez pas plus souvent. Vos Constitutions réussiroient beaucoup dans le monde, si elles étoient encore plus gaies, plus bouffonnes. Il me semble qu'un Sénat aussi bien renté devroit toujours être en bonne humeur. Amusez-nous donc, Messieurs, pour notre argent.

J'ai résolu, avant de vous quitter, de vous entretenir du *considérant* qui précède le décret de déchéance : il est d'une gaucherie, d'une maladresse que je ne puis vous pardonner ; c'est l'acte d'accusation du Sénat que vous avez rédigé.

« Considérant que Napoléon Buonaparte a violé les lois constitutionnelles par ses décrets sur les prisons d'Etat.... »

Permettez-moi de vous demander, Messieurs, pourquoi vous l'avez souffert ? La Constitution ne vous avoit-elle pas établis pour veiller à la conservation de ces lois, que vous accusez Buonaparte d'avoir violées ? Pourquoi n'avez-vous pas ordonné à votre commission de la liberté individuelle de vous dénoncer les arrestations illégales ? C'étoit alors le moment de vous dévouer pour votre pays, et de monter à l'assaut. Dans toute hypothèse, vous aviez bien au moins le droit de vous plaindre. L'avez-vous fait? Non. Votre silence est une approbation.

« Qu'il a détruit l'indépendance des
» corps judiciaires.... »

Est-ce encore une plaisanterie? ou avez-vous perdu la mémoire? Buonaparte a-t-il lui seul annulé le jugement rendu par la Cour impériale de Bruxelles, qui venoit de renvoyer absous le maire d'Anvers et ses co-accusés? *L'empereur*, vous dit-on ce jour-là, *est la loi vivante*. Vous eûtes l'air de le croire, et, sanctionnant le projet de décret qui vous étoit présenté, vous ne craignîtes point de calomnier et d'avilir la sainte institution des jurés, derniers restes de nos libertés mourantes, foible débris échappé miraculeusement à la faux de la tyrannie. Vous accusez Buonaparte d'avoir violé son serment; le vôtre n'étoit-il pas aussi sacré? Sénateurs, interrogez vos consciences, et dites-moi si elles ne vous adressent aucun reproche.

« Qu'il a entrepris une suite de
» guerres, en violant les Constitutions
» de l'Empire.... »

De quelle guerre, Messieurs, voulez-vous parler? Est-ce de la plus monstrueuse de toutes, de la guerre d'Espagne? N'avez-vous point élevé jusqu'aux nues la magnanimité et la grandeur d'âme de Buonaparte, au moment où il se déshonoroit par la plus lâche et la plus infâme perfidie ? Consultez vos registres, et vous y trouverez encore le discours de félicitation que votre président prononça, à cette époque, au pied du trône que vous vous flattez d'avoir renversé :

« A peine, Sire, aviez-vous franchi
» les bords de la Bidassoa, que votre
» entrée dans les Espagnes fut pro-
» clamée par la victoire ; et c'est encore
» au bruit des victoires que vous venez
» de quitter les Espagnes. Vous les avez
» quittées, Sire, après leur avoir assuré

» *les plus grands bienfaits :* et c'est
» une circonstance toute particulière de
» vos triomphes, qu'ils font triompher
» la raison. Que d'ACTIONS DE GRACES
» doivent vous être rendues ! » Des actions de grâces pour une guerre aussi sacrilége !!! (1)

Parlez-vous, Messieurs, de la guerre de 1809, contre l'Autriche ? Qui donc disoit à Napoléon, avant son départ : « Le destin de l'Autriche l'entraîne ; » encore quelques jours, et elle aura » cessé de pouvoir servir les fureurs de » l'Angleterre. » Qui lui disoit à son retour : « Quelle force ! et quels effets » ne doit-on pas espérer de cette force » redoutable, lorsqu'on la voit mise en

---

(1) Plusieurs fois on a entendu, dit M. le sénateur comte Grégoire, des hommes constitués en dignité qui disoient : « Je ne mets pas ma conscience dans les affaires politiques. » Malheureux ! où la placez-vous donc ? La vraie politique n'est-elle pas une branche de la morale ? Et quand un individu, incapable de voler son voisin, donne son assentiment à des mesures qui compromettent le repos, la fortune et la vie de ses semblables, peut-il dormir tranquille ?

» mouvement par le génie le plus vaste,
» par celui qui, d'un œil perçant, dé-
» couvre dans l'immense ensemble dont
» il crée, dirige et maintient l'action
» merveilleuse, les plus petits des res-
» sorts innombrables qui doivent y
» concourir; auquel aucune circons-
» tance n'échappe, ni dans le présent,
» ni dans le passé, ni dans l'avenir; et
» qui, suivant que cela convient à ses
» desseins impénétrables, choisit le
» temps, les hommes et les lieux! aussi
» étonnant lorsqu'il attend, avec une
» patience imperturbable, l'instant qu'il
» a désigné, que lorsqu'avec la rapi-
» dité de la foudre il exécute ce qu'il a
» conçu ! ! ! ! »

Si M. le président eût harangué le Tout-Puissant que lui auroit-il dit de plus fort ? Et vous paroissez étonnés que Buonaparte ait *entrepris une suite de guerres injustes !* Il vouloit, Messieurs, se rendre digne de vos éloges, et mériter d'entendre de si belles et de si longues phrases.

Faites-vous allusion à la guerre contre la Prusse? Je ne puis le croire; car, cette guerre terminée, Buonaparte étoit à peine de retour, à peine avoit-il fait ôter ses bottes, que son Sénat arriva tout essoufflé aux Tuileries pour lui dire:

« Vos ennemis, Sire, avoient cru
» arrêter l'essor de vos aigles. Vous les
» avez frappés, Sire, comme la foudre,
» dispersés comme la poussière qu'é-
» lèvent les tempêtes. Les remparts des
» places imprenables tombent à votre
» voix; vous avez bravé, Sire, tous les
» élémens conjurés; et, pour ajouter à
» tant de merveilles, Votre Majesté a
» seule gouverné son empire. »

Enfin, Messieurs, vous aviez tellement épuisé les formules les plus dégoûtantes de l'adulation, que j'ai vu votre orateur, au bout de son rôle, forcé d'avouer humblement son impuissance.

« Sire, disoit-il un jour, on ne peut
» plus louer dignement Votre Majesté.
» Votre gloire est trop haute; il fau-
» droit être placé à la distance de la

» postérité pour découvrir son immense
» élévation. »

Vous sentez aujourd'hui, sénateurs, l'effet que la fumée de votre encens devoit produire : une tête beaucoup mieux organisée que celle de Buonaparte n'auroit pu y résister. Mais ne pensez-vous pas comme moi que, si les esclaves eussent été moins lâches, le tyran eût moins osé ?

Est-ce de la campagne de Moscou ou de celle qui l'a suivie que vous vous plaignez aujourd'hui ? vous vous y prenez un peu tard. C'étoit sur les bords du Niémen et avant que Buonaparte ne pénétrât en Russie, que le Sénat devoit blâmer une entreprise si dangereuse. Vous eussiez peut-être, Messieurs, conservé à la France une brave et nombreuse armée, digne d'un autre chef, et dont nous ne cesserons de pleurer la perte. Hélas ! Messieurs, cette armée fut détruite ; et, au retour de celui qui l'avoit sacrifiée à sa folle ambition, vous ne fûtes occupés que du soin de la remplacer par une autre qui devoit éprouver le même sort.

Et c'est vous, Messieurs, c'est vous qui accusez aujourd'hui Buonaparte « d'avoir abusé des moyens qu'on lui » a confiés en hommes et en argent!... »

Vous qui, en les lui confiant sans examen, n'avez jamais cessé de vanter sa *bonté paternelle!*

Vous qui lui avez souvent répété dans vos adresses : « La postérité, Sire, » admirera *votre modération!* »

Vous qui teniez toujours des générations en réserve pour les lui offrir en cas d'accident imprévu! «Votre Majesté, » lui disiez-vous ; lors de l'expédition de Flessingue; « Votre Majesté, au moyen » de ces nouvelles levées, n'éloignera des » rives du Danube ni de celles du Tage » aucune de ses légions victorieuses. » Quelle sollicitude! quelle prévoyance!

Vous qui, à chaque nouvelle demande qui vous étoit faite, répondiez toujours par cette formule respectueuse : « Le Sénat *s'empresse* d'adopter, etc. »

Et c'est de cet empressement que vous demandez la récompense !

Vous qui, encore le 9 octobre dernier, avez fait présent à Buonaparte de deux cent quatre-vingt mille hommes !

Vous qui, le mois suivant, l'avez prié d'en recevoir trois cent mille autres pour sa dépense courante !

Vous qui, ajoutant le ridicule à l'odieux, l'ironie à la cruauté, n'avez pas craint de nous dire que ces cohortes, que nous ne devions plus revoir, n'étoient appelées sous les drapeaux que pour s'y *exercer à des jeux salutaires*, et qu'on prendroit des mesures pour les empêcher de passer les frontières, que leur ardeur vouloit déjà franchir !

Vous qui, etc, etc., etc.

Je ne suis point étonné d'apprendre que plus de cinquante d'entre vous n'ont point d'enfans mâles ; s'ils en avoient, eu, ils se seroient montrés plus avares du sang des nôtres.

Sénateurs,

S'il faut en croire une tradition respectable, lorsqu'autrefois on trouvoit un cadavre sur le grand chemin, tous les habitans des villages voisins étoient appelés et obligés à jurer, sur ce corps inanimé, qu'ils étoient innocens du meurtre qui venoit d'être commis. Plusieurs millions de conscrits ont péri (1) loin des lieux qui les ont vus naître, loin des parens chéris dont ils devoient soulager, consoler la vieillesse : sénateurs, oseriez-vous protester que votre obéissance servile aux ordres sanglans du dévorateur de l'espèce humaine, n'a point contribué à augmenter le nombre

---

(1) Une autorité que j'aime à citer, car elle n'est point suspecte, M. le sénateur Grégoire, dont il faut au moins louer la courageuse franchise et les bonnes intentions, s'exprime ainsi :
« Notre population est très-diminuée ; du fond
» de leurs tombeaux, douze millions d'hommes,
» égorgés depuis quinze ans, élèvent la voix
» pour crier qu'en Europe, en France *surtout*,
» les malheureuses mères n'enfantoient plus que
» pour fournir des victimes : actuellement, des
» femmes désolées et des vieillards impotens
» remplacent les animaux pour traîner la charrue,
» et tracer les sillons de leurs champs arrosés
» de larmes. »

des victimes? Cependant, leurs mânes errent autour de votre palais. A Dieu ne plaise que je me rende ici l'interprète de leurs plaintes, si fondées qu'elles puissent être! une main pieuse a voilé sagement la statue de la vengeance, pour découvrir celle de la miséricorde. Mais donnerons-nous un nouveau sujet de douleur à la morale publique, tant et si long-temps outragée? Parlera-t-on de récompenses, lorsque tout crie : *réparation?* Et ne sera-ce jamais qu'à la vertu qu'on imposera des sacrifices? Cette idée est trop affligeante, et tout m'invite à la repousser.

L'espoir de tous les Français repose, d'abord, sur la sagesse du Monarque; et ensuite, sur la considération dont les deux premiers corps de l'Etat seront environnés. Je le demande : quel bien pourroit faire, quel mal pourroit empêcher un Sénat avili, déshonoré? Il m'en coûte, beaucoup, sénateurs, d'être forcé de vous faire entendre une vérité aussi dure ; mais il n'est que trop avéré que plusieurs d'entre vous ne peuvent plus prétendre à l'estime générale, et doivent, par conséquent, renoncer à jouir des honneurs destinés à en être la récompense. Quel est donc mon avis, et dans quel dessein ai-je écrit ces réflexions ?

Un de vos collégues a demandé « une » recomposition qu'on appelera, si l'on » veut, épuration. » Je ne demande pas autre chose. Puisque c'est au Roi seul que doit appartenir le droit de choisir tous les membres qui composeront le Sénat, il pourra y appeler ceux d'entre vous dont aucune bassesse n'a souillé le caractère, et surtout ces guerriers qui ont soutenu l'honneur français, pendant plusieurs années exilé au milieu des camps. Quant à ceux que ce mode d'épuration doit nécessairement éloigner du Sénat, la nation, toujours généreuse, trouvera encore le moyen de les récompenser, en les oubliant.

www.ingramcontent.com/pod-product-compliance
Lightning Source LLC
Chambersburg PA
CBHW060910050426
42453CB00010B/1645